DÉFENSE

DES

INTÉRÊTS

COLONIAUX ET MARITIMES FRANÇAIS

PAR LES MARINS EUX-MÊMES

———

H. DE GIRARD

Ancien capitaine des Messageries.

GRENOBLE

TYPOGRAPHIE ET LITHOGRAPHIE BREYNAT ET Cie,

Rue Hector-Berlioz, 8

—

1883

Heureux, lorsque le peuple, instruit dans son devoir
Respecte, autant qu'il doit, le souverain pouvoir ;
Plus heureux, lorsqu'un roi, doux, juste et politique,
Respecte, autant qu'il doit, la liberté publique !
VOLTAIRE (la Henriade).

A mes Anciens Compagnons de navigation

CHERS CAMARADES,

Il est, à mon avis, deux sortes de gouvernements également bons ou également mauvais, selon qu'on s'y conforme bien ou mal : ce sont le gouvernement monarchique et le gouvernement républicain.

Cependant, voici près d'un siècle que notre pays expérimente tour à tour ces deux différents systèmes sans se prononcer bien nettement ni pour l'un ni pour l'autre. Les uns reprochent au gouvernement monarchique de tourner au despotisme, les autres accusent le gouvernement républicain de dégénérer en anarchie; aussi voyons-nous ces deux sortes de gouvernements constamment en lutte, se vaincre et se succéder tour tour au pouvoir. N'est-il pas à croire que les partisans de l'un voulant, par un zèle excessif, opprimer les partisans de l'autre, ceux-ci, par un zèle égal, leur rendent la pareille dès qu'ils le peuvent.

Les gens de mer, grâce à leur indifférence ordinaire pour les choses de terre, sont, je crois, les seuls de la nation qui se conforment toujours aux règles du gouvernement établi sans s'inquiéter du nom qu'il peut porter ; et, s'ils ont parfois crié, mal à propos, Vive la République ! sous la Monarchie, ou bien, Vive la Monarchie ! sous la République, c'est que, n'allant jamais aux renseignements pour ces sortes de choses, ils ont toujours été les derniers informés. Il paraît, du reste, qu'ils ne font aucune différence entre ces deux sortes de gouvernements, et que leur conduite n'a jamais pu être blâmée ni par l'un ni par l'autre ; c'est-à-dire que le marin est l'homme de France qui se prête le mieux aux essais des gouvernements pro-gressistes, et que nul n'est plus apte que lui à repro-duire les effets des différents systèmes. Eh bien ! le marin consulté à ce sujet est forcé de convenir qu'il a été opprimé sous les deux régimes, qu'il l'est de plus en plus, et qu'il en est réduit aujourd'hui à ne plus être ni citoyen ni soldat.

Cette position intermédiaire et indéfinie qui le prive de tous droits et avantages d'un côté comme de l'au-tre, le laissant néanmoins soumis à toutes les charges sans aucune compensation, est bien faite pour le dégoûter de la République elle-même. Pourquoi, en effet, ce traitement inégal et arbitraire lui est-il imposé par un gouvernement qui proclame l'égalité des citoyens et le respect de la loi comme ses prin-cipes fondamentaux ? Sous l'ancienne Monarchie, au moins, il faut bien le dire, le chef de l'Etat, soit par un sentiment naturel, soit par un intérêt personnel bien compris, était le défenseur des marins et des paysans contre les prétentions des nobles et des bour-geois. Mais enfin, la Monarchie a été vaincue, une aristocratie nouvelle s'est emparée du pouvoir, et dix millions d'hommes laborieux, cherchant le bonheur dans une existence paisible et bien ordonnée, sont tombés à sa merci.

Les paysans, heureusement pour eux, je crois, sans cesse présents sur les lieux et mêlés aux mouvements populaires que provoque le patriotisme ou l'ambition, ont saisi l'arme qu'on leur présentait pour la défense des nouveaux principes, ils ont nommé les représentants qui sollicitaient leurs suffrages ; ils ont vu de quelle force ils pouvaient disposer ; ils en ont fait usage pour eux-mêmes, et l'on peut dire qu'ils n'ont rien perdu au dernier changement.

Quant aux marins c'est bien différent : leur vie errante ne leur permettant pas de s'escrimer de l'arme que les paysans manient déjà avec tant d'habileté, ils n'ont été recherchés d'aucun parti, et ils sont naturellement restés sous le régime de la Monarchie moins le Roi, c'est-à-dire qu'ils sont restés, comme avant, les vassaux de ce petit Etat féodal toléré sous le nom de ministère de la marine, lequel continue à subsister à leurs dépens et les traite encore aujourd'hui comme les seigneurs au XIVe siècle traitaient les paysans, sans respect pour l'humanité, comme sans profit pour l'Etat.

Ainsi, la République, malgré ses belles promesses et ses bonnes intentions dont je ne doute nullement, ne vaut pas mieux pour nous, marins, que la Monarchie.

C'est qu'en effet, ces deux gouvernements sont également sujets à une même et terrible maladie : dès qu'ils arrivent au pouvoir ils se trouvent entourés, assiégés par cette catégorie d'hommes, malheureusement très nombreux, n'ayant d'autre parti pris que de tirer de l'Etat places, honneurs et concessions le plus possible.

La tactique adoptée par ces dangereux ennemis

du bien public consiste à attaquer d'abord par escarmouches le gouvernement nouveau-né pour attirer son attention et s'en faire craindre, puis condescendre à se rallier à lui, ensuite à exalter ses mérites et à paraître vouloir les étendre en formant ou, plutôt, en s'insinuant dans des commissions d'études sociales et autres dont ils entravent la marche par des discours dénués d'idées comme de principes. Mais enfin ils arrivent, par ces moyens, à se loger partout où il y a une place, une aspérité leur permettant de puiser la substance de l'Etat et de l'épuiser au plus vite, sous le prétexte d'amour du bien public. Ce sont ces fauts dévots du culte de la patrie, ce sont ces parasites aux formes les plus brillantes et les plus trompeuses qui transforment tour à tour la République en anarchie, et la Monarchie en despotisme, deux maladies identiques, sous des noms différents, ayant toutes deux pour effet de ralentir et quelquefois de suspendre l'action des lois. Alors ce n'est qu'en se groupant, en se liguant, que les citoyens d'un même corps de métier obtiennent une justice proportionnée à leurs efforts, c'est-à-dire allant au delà ou restant en deça, rarement conforme à l'équité et toujours tardive. Mais ce remède, si c'en est un, n'est à la portée ni des marins, ni des citoyens raisonnables qui sont convaincus que le respect absolu de la loi est le seul moyen de maintenir l'ordre dans l'Etat et de le rendre prospère.

Ainsi, pour nous marins, comme pour les gens sensés et vrais patriotes, le meilleur gouvernement sera celui qui se tiendra le mieux en garde contre les agissements de ces tartufes politiques dont les affaires ne prospèrent que lorsque le ménage public va tout de travers, semblables en cela à tous les parasites de la terre qui ne trouvent leur subsistance dans un corps et ne s'en engraisse jamais mieux que lorsqu'il est en décomposition.

Voilà le mal de nos deux gouvernements. Le remède......... c'est la liberté de la presse sagement administrée ; si les citoyens, lésés dans leurs intérêts ou blessés dans leurs convictions, sont assez pénétrés de leur droit et de leur devoir pour dénoncer les défaillances ou les abus de pouvoir dont ils sont les victimes, et que d'un autre côté les princes ou les chefs de l'Etat accueillent ces informations avec patriotisme, la France aura, ou tout au moins, nous aurons, nous gens de mer, le meilleur des gouvernements que nous puissions raisonnablement souhaiter.

C'est en me conformant à ces principes essentiels du *self-government* comme je l'entends, que je vais raconter l'histoire de *Calligari* et *Gregori*.

Ceci se passait sur rade de Hong-Kong, entre deux bâtiments des messageries maritimes, dans le courant du mois de juin 1877.

L'*Ava*, capitaine Hernandez, desservant la ligne postale de Marseille, venait d'arriver, et le *Tibre*, que je commandais sur la ligne annexe du Japon, l'avait accosté pour prendre les dépêches à destination de Yokohama. Deux matelots de l'*Ava*, les nommés Calligari et Gregori, voulant user de la faculté que la Compagnie laisse à ses matelots de changer de ligne, vinrent demander à M. Lepontois, mon second, s'il voulait les admettre à bord du *Tibre* en échange de deux matelots qui désiraient rentrer en France par l'*Ava*. — Oui, leur répondit M. Lepontois, lorsque vous aurez obtenu le consentement de votre capitaine.

Calligari et Gregori, satisfaits de ce début, repassèrent sur leur bâtiment pour continuer leurs démarches, et, d'abord, par respect pour la hiérarchie, ils s'adressèrent à leur maître d'équipage. Faites comme vous voudrez, leur répondit ce chef, sur un ton de mécontentement qui déconcerta les deux matelots, timides à l'excès, et les fit renoncer à l'instant à leur projet.

Cependant M. Lepontois, ayant rencontré M. Pélissier, second de l'*Ava*, dans le courant de l'après-midi, lui fit part de la démarche des deux solliciteurs. M. Pélissier lui répondit qu'il ne les avait pas encore vus, mais qu'ils pouvaient compter sur son acquiescement à leur demande s'ils la renouvelaient auprès de lui.

Après cet entretien, mon second, ne doutant pas que Calligari et Gregori ne donnassent suite à leur projet, vint m'annoncer, dans la soirée, qu'il s'était entendu avec son confrère de l'*Ava* pour l'échange de ces deux matelots ainsi que de deux autres, précédemment arrêtés sur le même bâtiment, ce qui faisait en tout quatre hommes pour lesquels il me priait de désigner les quatre remplaçants. Alors je fis appeler M. d'Hoste, lieutenant chargé du rôle d'équipage, pour lui donner le nom de ces hommes et lui recommander de s'entendre préalablement avec son confrère de l'*Ava*, afin que ces mutations fussent faites de bonne heure et que le *Tibre*, qui devait partir le lendemain à deux heures, pût être expédié avant midi.

Le lendemain à dix heures du matin M. d'Hoste, conformément aux arrangements qu'il avait pris avec M. Mourut, lieutenant chargé du rôle de l'*Ava*, arrivait sur ce bâtiment escorté de ses quatre hommes, et M. Mourut faisait aussitôt rallier les siens. Mais il n'en vint que deux à son appel. Où sont les deux autres? lui dit M. d'Hoste, j'en ai quatre, vous

devez en avoir un pareil nombre. — Est-ce quatre ?
dit M. Mourut, cherchant à rappeler ses souvenirs....
Au fait, ajouta-t-il, le capitaine Hernandez m'a dit
hier soir que j'aurais deux mutations à faire ce
matin, et ce matin encore il m'en a dit autant.
Or, deux et deux font quatre, c'est clair.

C'eût été sans doute plus clair encore, si M. Hernandez avait désigné les permutants par leurs noms,
ou si son lieutenant, dans son incertitude, fut allé lui
demander comment il fallait interprèter ses ordres.
Mais on était pressé par le temps. Quels sont les
deux hommes qui manquent ? demanda M. Mourut.
— Ce sont les nommés Calligari et Gregori, lui
répondit-on, mais ils croient ne pas être admis à
permuter, et ils travaillent en ce moment dans les
cales. — Qu'on aille les chercher, qu'ils montent
sans retard, s'écrie M. Mourut.

Quelques minutes plus tard les deux matelots,
impérieusement commandés, montent sur le pont,
essoufflés de leur course, et reçoivent une forte
admonestation pour ne s'être pas trouvés prêts à
suivre leur lieutenant. - Mais nous ne savions
pas........ — Embarquez-vous immédiatement. —
Mais donnez-nous le temps de prendre un costume
convenable...... — Je vous accorde deux minutes.....
Enfin tout le monde est embarqué et les canaux se
dirigent vers le rivage.

Une demi-heure après la petite troupe arrivait au
consulat. Je m'y trouvais en personne lorsque les
deux lieutenants entrèrent suivis chacun de leurs
quatre hommes qu'ils rangèrent autour du bureau
de M. Boulouze, chancelier-gérant du consulat de
France. Je demandai à M. Mourut si c'était là les
matelots destinés au *Tibre*, et, sur sa réponse affir-
mative, M. d'Hoste, présentant à son tour les quatre

hommes destinés à l'*Ava*, je priai M. Boulouze de vouloir bien opérer les mutations de ces huit hommes sur les rôles.

Ce fonctionnaire, après avoir constaté l'identité des personnes et s'être assuré, par demandes et par réponses, que chaque matelot consentait à permuter et qu'ils étaient tous payés de leurs salaires, inscrivit successivement chacun d'eux *débarqué-payé* sur un rôle et *embarqué* sur l'autre.

Cela fait, je revins sur le *Tibre* suivi de mes gens, excepté de Calligari et de Gregori, à qui je permis d'aller prendre leurs hardes sur l'*Ava* en leur recommandant de rallier le *Tibre* au plus vite.

Cependant le moment du départ approche et mes hommes ne sont pas encore revenus. Je les fais réclamer sur l'*Ava*. Le second de ce bâtiment répond que Calligari et Gregori n'ayant pas été autorisés par lui à permuter, il les retient à son bord. Je fais dire à ce second que l'autorisation de son capitaine me suffit et de vouloir bien relâcher au plus tôt ses prisonniers que j'attends pour appareiller.

Quelques instants après je vois arriver sur le *Tibre*, non pas mes deux matelots que j'attendais avec une si grande impatience, mais M. Hernandez lui-même, qui vient m'apprendre qu'il n'a pas, lui non plus, autorisé les mutations de Calligari et de Gregori, qui ont été faites par une erreur de son lieutenant.

Il était déjà deux heures, le moment du départ était arrivé et je n'avais plus un seul instant à perdre. Je réponds à M. Hernandez qu'il est sans doute fâcheux que son lieutenant ait mal interprété ses ordres, mais que cela ne peut rien changer à l'état actuel des choses puisqu'il est de tout point conforme au règlement récemment établi dans la Compagnie, lequel recommande expressément à tout capitaine en station qui aura à faire passer des hommes en France, de les donner aux paquebots de la grande ligne en échange d'autres matelots désireux de rester en station. Or, comme j'avais des matelots incapables de continuer leur service, lui dis-je, et que vous en aviez un égal nombre qui demandaient à prendre leurs places, le réglement a été exécuté, l'échange s'est fait, les intérêts de la Compagnie sont sauvegardés et vous-même serez satisfait si vous consentez à laisser de côté une simple question d'amour-propre. Du reste, ajoutai-je, l'heure de mon départ est sonnée et déjà le commerce de Hong-Kong et l'administration des postes, impatients de voir appareiller le courrier, me font demander quelle est la cause qui le retient encore sur la bouée ; puis-je, dès lors, pour satisfaire je ne sais quel sentiment qui vous pousse, ajouter un retard de plus à celui que j'ai déjà et prendre à ma charge une erreur à laquelle je suis complètement étranger. — Et comme, après cette explication, M. Hernandez s'obstinait encore à vouloir garder les deux matelots en litige, j'ajoutai que ma dignité, pas plus que les intérêts du service, ne me permettaient de lui faire cette concession et que j'exigeais la remise immédiate de mes deux matelots qu'il n'aurait pas dû retenir un seul instant à son bord sans mon agrément.

C'est bien ! me dit M. Hernandez, je vais vous les renvoyer, mais je les punirai. — Vous auriez tort, repris-je, si, comme vous le dites, c'est votre lieutenant qui a mal compris vos ordres, et que, comme il est évident pour tout le monde, Calligari et Gregori sont complètement étrangers à ce qui a pu donner lieu à ce malentendu. — Je les punirai ! murmura encore M. Hernandez, visiblement contrarié quoique je le priasse d'accepter mes excuses pour l'ardeur que j'avais pu montrer dans la défense de mes droits.

M. du Pouey, agent des messageries à Hong-Kong, se trouvait sur le *Tibre* en ce moment et je l'avais prié d'assister à ce débat.

Dès que mon équipage fut au complet, j'appareillai pour Yokohama.

Dans le courant de la traversée j'appris que M. Hernandez avait effectivement mis à exécution sa menace contre les deux matelots en retenant dix jours de leur solde. Je ne pus pourtant pas prendre d'abord cette action au sérieux ; c'est un moment de colère, me dis-je, M. Hernandez réfléchira ensuite et finira par rendre à ces hommes l'argent qu'il leur a indûment retenu, car, en supposant qu'il maintint sa décision, il commettrait une quadruple faute :

1° Il punirait des hommes dont l'innocence lui est d'autant mieux connue que c'est lui-même, par sa négligence, qui s'est attiré le froissement dont il se plaint.

2° En supposant même qu'il y eut faute de la part des deux matelots, il n'appartiendrait qu'au consul de les juger, puisque l'*Ava* était *mouillé* dans le ressort d'un consulat et que son rôle d'équipage était déposé à la chancellerie.

3° Il opérerait une retenue sur des soldes déclarées payées au rôle d'équipage, et ce serait manquer à une parole donnée ; en effet, lorsque M. Boulouze demanda à Calligari et à Gregori, suivant le règlement, s'ils étaient payés, ceux-ci se tournèrent vers leur officier pour lui rappeler qu'ils attendaient encore leur argent, et le lieutenant de M. Hernandez, se trouvant au dépourvu, leur fit signe de répondre affirmativement. C'est ce qui me fait dire que M. Hernandez ne pouvait toucher à cette solde sans manquer à une parole donnée.

4° Enfin, M. Hernandez aurait exercé ces différents abus de pouvoir sur deux hommes ne faisant plus partie de son équipage, puisqu'ils étaient passés sur le *Tibre* ; ainsi, en supposant même que ces deux matelots fussent coupables de quelque faute de discipline, le consul devait les rechercher sur le *Tibre*, et inscrire sur le *livre* de ce bâtiment et non sur celui de l'A*va* la punition qu'ils auraient pu encourir.

Non, me disais-je, M. Hernandez ne peut maintenir un ensemble d'actions chocantes, blâmables, punissables, et, du reste, M. Boulouze, quelque faible qu'il soit, le lui permettrait-il !... Je me trompais pourtant, comme la suite le démontrera.

Une vingtaine de jours plus tard le *Tibre*, venant de Yokohama, rencontra de nouveau, sur rade de Hong-Kong, l'A*va* qui revenait de Shang-Haï. J'avais à peine laissé tomber l'ancre que je reçus la visite de M. Boulouze. Je viens, me dit-il, vous demander un service. — Dites. — Promettez-moi d'abord de me le rendre. — Voyons d'abord de quoi il s'agit. — Rendez à M. Hernandez les deux matelots qu'il réclame, afin de lui ôter tout prétexte de les punir. — Impossible, Monsieur, il faut que M. Hernandez trouve un autre prétexte pour rendre à ces hommes la justice qui leur est due ; la droiture de son âme lui conseillera sans doute de déclarer publiquement que ce sont d'honnêtes gens et que c'est lui qui s'est trompé. — Mais la discipline !.... — Je ne vois pas ce qu'elle pourrait gagner à la punition de deux innocents. — Ah ! si vous saviez comme je suis embarrassé, ajouta le représentant de la France à Hong-Kong, d'un air piteux. — Mais vous n'y pensez pas, répliquai-je, M. Hernandez n'a rien à faire ici que de vous porter plainte s'il le juge à propos. — Eh bien ! ...... ensuite ?..... — Ensuite !.... vous lui répondrez par une fin de non-recevoir. — Mais si vous rendiez les deux hommes, ce serait bien plus simple encore! — Je ne trouve pas. — Rendez-les, je vous en prie. — Non, je ne puis, ce serait là une mauvaise action que je me reprocherais toute ma vie. — Ah! que je suis embarrassé! disait M. Boulouze d'un air vraiment comique en entrant dans son canot pour aller rendre compte à M. Hernandez de l'insuccès de sa démarche. — Soyez ferme! lui criai-je de loin en riant.

Cependant, au bout d'une heure, M. Boulouze et M. Hernandez étaient encore ensemble sur l'*A va*. Que pouvaient-ils donc se dire! Cet entretien si prolongé me parut suspect, et j'avais hâte d'en connaître le résultat. Je fais armer mon canot et vais me poster dans un lieu de la rade où M. Boulouze devait nécessairement passer pour se rendre au consulat. Au bout d'un quart d'heure environ il vient en effet me ranger de très près; je l'accoste, et, pendant que les avirons des deux canots s'entrechoquent, je saute dans celui de M. Boulouze et m'assieds à côté de lui avant qu'il ait eu le temps de me reconnaître parce qu'il a la vue basse. — Eh bien! où en sommes-nous? lui dis-je. Mais..... j'allais vous écrire..... — C'est inutile, comme vous voyez, dites-moi ça de vive voix. — C'est que ... ça n'est pas facile.... — Dites toujours. Eh bien! ajouta M. Boulouze toujours avec hésitation, il faut que vous me donniez votre parole que vous n'aviez pas prévu l'erreur commise par l'*A va*. — Comment! Monsieur, m'écriai-je, pouvez-vous concevoir le moindre doute à cet égard, alors qu'il y a à peine trois mois, sur le simple soupçon d'une erreur probable ou d'une tromperie possible, je vous sortis du mauvais pas que vous aviez fait dans l'affaire des poudres au risque de m'attirer une querelle avec un de mes collègues , car je crois qu'il est toujours de mon devoir d'empêcher , dans la mesure de mes moyens, une erreur qui arrive à ma connaissance, surtout lorsqu'elle peut porter préjudice à une division navale en campagne ou à l'esprit de discipline d'une nation. Ainsi recevez, Monsieur , l'assurance que vous me demandez, je vous la donne de bien bon cœur. — Mais, ajouta M. Boulouze, timidement encore , il faudrait que vous me fissiez cette déclaration par écrit...... — Et, comme à ces mots je le regardai d'un air étonné, il crut devoir ajouter : Moyennant quoi les deux matelots seront déchargés de la punition. Mon étonnement ne me laissant pas encore le loisir de lui répondre, il compléta sa pensée par ces mots : Sinon, les deux hommes seront punis.

Je n'en crus pas d'abord mes oreilles , je le priai de répéter sa proposition, ce qu'il fit cette fois sur un ton très dégagé. Alors , lui dis-je avec émotion , vous avez décidé que le sort de ces matelots dépend du parti que je prendrai : absous, si j'accorde cette satisfaction d'amour-propre à M. Hernandez, punis, dans le cas contraire. — Oui, c'est ça, dit vivement M. Boulouze, enhardi par le nuage qui passa en ce moment sur mes yeux.

Le fait est que je me sentais profondément humilié. Mais bientôt mon indignation se faisant jour : Savez-vous, lui dis-je, qu'il n'y a qu'un malhonnête homme qui puisse faire une telle proposition, etc....

M. Boulouze voyant les choses tourner de la sorte : Ce n'est pas moi, s'écria-t-il , qui suis l'auteur de cette proposition, c'est M. Hernandez qui m'a chargé de vous la faire.... Mais quelles que pussent être les protestations de M. Boulouze à ce sujet, je lui appliquai, avec une vivacité facile à comprendre, des reproches qu'il est sans doute inutile de reproduire ici. Je rentrai ensuite dans mon canot, et, laissant là mon interlocuteur comme pétrifié, je fis force de rame vers l'*A va*.

On a vu que j'avais d'abord opposé le droit aux prétentions de M. Hernandez, et il venait de me répondre par une insulte. J'étais sans recours à l'autorité consulaire qui méconnaissait ses devoirs; je n'avais donc plus qu'à compter sur moi-même pour défendre l'innocence contre l'injustice. Je me déterminai à employer la force.

Je levai rame à trois longueurs d'aviron du travers de l'échelle du bâtiment de mon adversaire qui était debout sur le pont à m'attendre. — Monsieur, lui criai-je, il n'y a qu'un malhonnête homme qui puisse faire la proposition que je viens de recevoir en votre nom, si vous éprouvez quelque haine contre moi, désignez un point de la côte où je pourrai vous rendre raison, mais laissez vivre en paix des hommes simples qui n'ont rien à voir dans nos démêlés.

M. Hernandez, au lieu de me répondre, se retira et ne parut plus. Il connait donc, pensai-je, les termes de l'insulte qui vient de m'être faite en son nom par M. Boulouze, et il en accepte la responsabilité.

Il était cinq heures du soir. Je regagnai mon bord pour y attendre les effets de la nouvelle attitude que je venais de prendre dans la défense de mes matelots. A sept heures je reçus de M. Hernandez la lettre suivante :

> Monsieur,
>
> Vous êtes venu le long de mon bord faire une scène de violence et de scandale qui était assurément bien inutile ; quoi qu'il en soit, elle a été faite et je ne puis la laisser passer. Veuillez me faire savoir d'une manière précise si je dois la considérer comme une provocation.
>
> Recevez, Monsieur, mes civilités.
>
> Signé : M. HERNANDEZ.

Cette lettre me choqua par l'affectation que mettait celui qui me l'écrivait à me demander de plus amples renseignements sur l'état de mon âme, sans songer à repousser, que dis-je, sans daigner dire un mot de la proposition indécente qui l'avait si profondément blessé. Je lui répondis immédiatement dans les termes ou plutôt dans le sens suivant :

Monsieur,

C'est la première fois, depuis trente ans que je commande, que je vois un capitaine en assigner un autre devant un consul pour un fait semblable à celui dont il s'agit entre nous. J'en suis d'autant plus surpris, que nous sommes tous deux au service de la même compagnie ; que vous y êtes depuis hier et que moi j'y ai établi ma réputation par 25 ans d'excellents services. Or, il est évident que l'erreur qui a été commise dans les mutations opérées entre nos navires provient d'un défaut de précision dans les ordres que vous avez donnés à votre lieutenant. Il est non moins certain qu'au moment où ces mutations furent faites au consulat j'étais à mon poste et que vous n'étiez pas au vôtre. Il est vrai que le ministre autorise les capitaines des messageries, dans ces sortes de cas, à se faire représenter par leur lieutenant, mais en leur laissant, bien entendu, la responsabilité des fautes que ces officiers peuvent commettre. Ainsi, pour toutes ces raisons, vous auriez dû accepter sans hésitation, et de bonne grâce, les conséquences d'une erreur qui était incontestablement de votre fait et qui, du reste, ne portait atteinte qu'à votre amour-propre. Vouloir présentement vous décharger d'un si léger fardeau sur autrui, c'est-à-dire faire prendre le change à l'opinion publique sur votre compte, en privant deux matelots d'une partie de leurs salaires ; c'est, vous en conviendrez, prévariquer bien ouvertement, et, si dès lors, je prends la défense de ces deux victimes de la vanité humaine, je ne fais que mon devoir.

Du reste, en agissant ainsi que vous l'avez fait, vous n'avez pas seulement manqué d'humanité envers mes matelots, vous avez encore manqué envers moi aux égards que les capitaines se doivent entre eux. Cependant, mettant ma personnalité de côté, j'ai d'abord repoussé vos prétentions en invoquant seulement le droit et la justice, et ce n'est que lorsque M. Boulouze m'a eût dit que vous voudriez bien condescendre à laisser mes matelots tranquilles, si je faisais la déclaration dont il s'agit, que je me suis écrié qu'il n'y avait qu'un malhonnête homme qui pût faire une proposition si impertinente ; car, en vérité, peut-on rien imaginer qui choque davantage le bon sens, les idées reçues, la morale et la discipline, que cette condition mise à l'exercice du droit des gens. Comment, en effet, mon refus d'accéder à votre singulière demande pourrait-il modifier en quoi que ce soit l'état de parfaite innocence et de candeur de mes matelots, et vous autoriser à faire peser sur eux, un instant de plus, votre iniquité ou plutôt votre inhumanité.

Ainsi, veuillez je vous prie apprécier à leur juste valeur les motifs qui me déterminent à prendre la défense de Calligari et de Gregori contre vos étonnants abus de pouvoir, sans que, du reste, je tienne aucun compte de l'offense que vous m'avez adressée personnellement, car, à vrai dire, je n'en fais pas plus de cas que de votre personne.

Signé : H. DE GIRARD.

Vers neuf heures du soir M. Hernandez m'envoya une seconde lettre que je refusai, en chargeant le messager de dire à celui qui l'envoyait que je ne voulais plus traiter avec lui que de vive voix et devant témoin.

Le lendemain matin je reçus une troisième missive que je refusai comme la précédente, en répondant que j'étais prêt à me rendre sur tel point de la côte qu'il plairait à M. Hernandez de me désigner, pour vider notre querelle. M. Hernandez ne répondit pas.

Cependant l'*Ava* et le *Tibre* passèrent encore trois jours ensemble sur rade de Hong-Kong. M. Hernandez employa ce temps à agir activement sur M. Boulouze pour qu'il maintînt la punition. J'employai de mon côté le même temps à rappeler le représentant de la France à ses devoirs, pour l'empêcher de commettre une mauvaise action dont il devait se repentir tôt ou tard. Peine inutile ! Tout ce que je pus faire n'empêcha pas M. Boulouze de m'écrire au bout de ces trois jours, c'est-à-dire au départ de l'*Ava*, *qu'il* était seul juge de la conduite qu'il avait à tenir dans cette circonstance, et que tout bien considéré il maintenait la retenue de dix jours de solde qu'il avait, disait-il, appliquée aux deux matelots pour avoir (textuel) *quitté leur bord sans permission et permuté sans autorisation.*

Ne serait-ce pas perdre son temps que vouloir démontrer que des hommes conduits à la chancellerie, marchant en rang et au pas sous les ordres d'un lieutenant, représentant légal du capitaine, ne peuvent pas être accusés d'être descendus à terre sans permission, et qu'ensuite, ayant été passés d'un rôle sur l'autre par le gérant du consulat, ils ne peuvent pas non plus être accusés, par ce même fonctionnaire, d'avoir permuté sans autorisation.

Il est évident que ce pauvre chancelier, dans cette circonstance au moins, avait perdu la tête et abdiqué ses pouvoirs ainsi que sa dignité personnelle en faveur du trop irascible capitaine de l'*Ava*, et qu'il ne m'écrivait cette lettre hautaine que pour masquer l'indignité de sa conduite, car cette décision, qu'il se vante si mal à propos d'avoir prise lui-même, lui fut imposée en réalité par M. Hernandez à qui il n'osa pas dire : Halte-là !... rentrez dans vos attributions de capitaine et laissez-moi dans celles de consul, car je ne puis, sans me déshonorer, vous permettre de frapper deux innocents avec l'arme que l'Etat m'a confiée pour les défendre.

Tel était cependant, à trois mille lieues de la mère-patrie, l'unique fonctionnaire que deux matelots, deux citoyens français, pouvaient invoquer dans leur malheur. Pouvais-je me dispenser de prendre leur défense ?...

Il faut, leur dis-je, porter plainte à l'autorité supérieure et ne rien négliger pour obtenir la justice qui

2

vous est due, ou tout au moins une sentence régu-
lière ; car s'il est méritoire, le cas échéant, de souffrir
sans se plaindre l'erreur d'un chef, c'est manquer à
ses devoirs que de tolérer la violation de la loi.

En conséquence, Calligari et Grégori signèrent une
pétition que je fis parvenir à M. Michelin, commis-
saire-général de la marine à Marseille, personnage
que j'avais vu, à l'avènement de la République, pro-
tester de son respect pour les institutions nouvelles
et de son horreur de l'arbitraire.

Cependant le courrier revint de France, et nous
reçûmes de M. Michelin cette réponse étonnante : « Je
ne puis que considérer comme définitive la punition
infligée par le capitaine de l'*Ava*, cette punition ayant
été sanctionnée par le gérant du consulat de France
à Hong-Kong. En tout cas (ajoutait M. Michelin,
comme s'il se fut reproché d'avoir daigné user d'un
subterfuge pour débouter mes matelots de leur plainte)
le capitaine de l'*Ava* n'a pas outrepassé ses pouvoirs
en infligeant cette punition. »

L'effet de cette réponse sur l'esprit de mes matelots
est facile à comprendre, surtout pour ceux qui con-
naissent l'obéissance ou plutôt la soumission aveugle
des marins à l'autorité des commissaires de l'inscription maritime ; et notez bien que cette fois le commis-
saire-général lui-même avait parlé, c'est-à-dire, un
fonctionnaire âgé d'une soixantaine d'années, décoré
du titre de général, magnifiquement logé et payé par
l'Etat, afin de donner à sa personne l'imposant appareil
et le puissant prestige qui conviennent à une colonne
de la discipline, à un de ces notables d'une nation
qui savent mieux que les autres qu'un Etat n'est fort
qu'à proportion de la bonne foi et de la justice qui y
règnent. Comment donc de braves matelots, des
hommes simples, qui ne voient l'humanité que par

son bon côté, auraient-ils soupçonné un tel personnage capable de manquer à ses devoirs et d'être à la
fois assez faible pour céder à des considérations de
camaraderie ou d'esprit de corps, et assez audacieux
pour substituer une imposture au langage sacré de la
loi qu'il était chargé de faire respecter. Non, Calligari
et Grégori ne pouvaient s'imaginer avoir été frustrés
de leurs droits ; au contraire, ils s'estimaient heureux
que M. Michelin qui, probablement, les trouvait coupables de quelque chose puisqu'il les condamnait, eût
bien voulu se relâcher de la sauvage coutume encore
en usage dans la marine, suivant laquelle il aurait pu
doubler la punition infligée par M. Hernandez, parce
qu'ils avaient réclamé (contre une injustice, il est vrai,
mais enfin ils avaient réclamé), c'est-à-dire douté de
la bonté, de la justice de leur capitaine, et fait à son
honorabilité une ébréchure qu'ils devaient réparer
par une punition exemplaire. Ainsi le veut la discipline, celle du moins passée en coutume dans cette
malheureuse population qu'une administration étran-
gère, aristocratique et oppressive prive de toute
lumière pour la mieux tenir sous sa dépendance.

Aussi, le dirai-je, tous ceux qui me virent prendre
la défense de ces deux marins et, la loi à la main,
revendiquer leur droit à une légalité scrupuleuse, me
prédirent-ils un insuccès : les plus intelligents me
citaient la fable du *pot de terre et du pot de fer*, et
les plus anciens ajoutaient que mes protégés feraient
bien mieux de souffrir et de se taire !

D'où vient donc ce manque de confiance des marins
en général envers leurs chefs ? Cette crainte de s'adresser à leur justice comme si c'était vraiment leur manquer de respect que de les en croire capables ? N'est-ce
pas que l'habitude d'exercer une autorité arbitraire et
tyrannique est tellement passée dans les mœurs des

fonctionnaires de la marine, qu'ils ont conçu une si haute opinion d'eux-mêmes et tant de mépris pour leurs administrés, que lorsqu'un marin de profession, celui qu'ils appellent un inscrit, ose réclamer d'eux autre chose que de la pitié, ils se croient nargués, insultés et entrent dans des fureurs qui ont pour effet d'intimider et de rendre lâches des hommes braves dans toutes les autres circonstances de la vie.

Mes amis, leur dis-je, il nous faut sortir de cette fâcheuse disposition, rappelons nos esprits, considérons de sang-froid cet ennemi qui nous harcèle sans cesse et s'efforce de nous pousser hors de la voie de la légalité. Souffrir et nous taire ce serait nous rendre coupables du crime de lèse-nation, en désertant la défense des lois qu'elle s'est données. Dieu nous préserve d'une si grande lâcheté ! Ceux qui vous donnent de si pernicieux conseils répètent machinalement ce qu'ils ont entendu dire, ou ils manquent de jugement, ou bien ils veulent vous tromper. Dans ce dernier cas encore, si c'est pour obtenir de vous de meilleurs services qu'ils parlent ainsi, ils se trompent eux-mêmes, parce qu'ils partent d'un faux principe. J'en prends à témoin tous ceux qui pensent que l'instruction et la liberté sont les seuls moyens de perfectionner l'espèce humaine. Eh ! qui ne sait que le travail d'un esclave ne vaut jamais celui d'un homme libre !

Non, mes amis, un bon matelot n'est pas un homme stupide qui se soumet aveuglément aux caprices d'un indigne chef, c'est un homme intelligent, franc et loyal, respectueux envers les représentants de l'autorité ou les princes de l'Etat, et soigneux des intérêts de ses armateurs comme des siens ; mais aussi jaloux de faire respecter ses droits que de ne pas porter atteinte à ceux d'autrui, et l'on peut ajouter que mieux il se conforme à cette règle de conduite, meilleur il est.

C'est ce que firent Calligari et Grégori. Ils signèrent une nouvelle pétition que je fis parvenir cette fois au ministère de la flotte lui-même. Or, il advint de cette simple démarche que le courrier suivant apporta l'ordre de lever la punition, attendu, disait la dépêche, qu'il y avait eu erreur.

Ceci prouve une fois de plus qu'un marin, qui a conscience de sa dignité et de ses droits de citoyen, ne doit pas hésiter, le cas échéant, à les faire respecter en s'adressant au ministre.

Je conviens que la décision de ce prince de l'Etat ne fut pas ce que l'on peut appeler une forte et entière justice ; car si c'est par erreur que les mutations furent faites, ce n'est certainement pas involontairement qu'elles furent infligées par M. Hernandez, maintenues par M. Boulouze, approuvées par M. Michelin en dépit du texte du code disciplinaire et de tout sentiment d'équité. On est donc porté à se demander encore, si la conduite de ces trois fonctionnaires fut blâmée, comme elle méritait de l'être. J'ai ouï dire seulement, que M. Hernandez, en apprenant cette décision, s'écria que la sentence qu'il avait prononcée contre Calligari et Grégori était sans appel et que le ministre avait outrepassé ses pouvoirs en l'annulant, tant il est vrai, mes amis, que ceux qui tirent avantage d'abus établis, ne serait-ce que la satisfaction de leur vanité, voudraient qu'ils fussent perpétuels, et que, par conséquent, ceux qui en souffrent ne doivent compter que sur eux-mèmes pour les faire disparaître.

Telle est la moralité de la première partie de cette histoire ; la suite nous fournira, j'espère, des renseignements non moins utiles.

L'*Ava* et le *Tibre* continuèrent le cours de leurs voyages postaux et se rencontrèrent régulièrement tous les quatre mois à peu près sur rade de Hong-Kong; mais leurs capitaines ne se rencontrèrent jamais. J'entendais bien dire que M. Hernandez comptait me demander raison de ma lettre du 7 juin, mais il fut, paraît-il, peu favorisé par les circonstances. Je dois dire aussi qu'il aurait dû commencer par se disculper lui-même de la proposition insultante qui m'avait été faite en son nom par M. Boulouze. Quant à moi, je n'avais plus aucun grief contre lui, puisque j'avais obtenu justice pour mes matelots et que j'avais repoussé l'insulte par le dédain.

Cependant, deux ans s'étaient écoulés, je venais de prendre ma retraite et de fixer ma résidence dans la vallée du Grésivaudan ; déjà même je commençais à goûter le calme de la vie des champs, lorsque je reçus, au mois de mai 1879, d'un officier supérieur de l'armée de terre, une lettre datée d'une place forte de notre frontière nord-est, qui m'appelait à rendre raison à M. Hernandez du mépris que je lui avais marqué par ma lettre du 7 juin 1877 à Hong-Kong. Je répondis à cet officier que je serais aux ordres de M. Hernandez, le 28 mai, à Marseille.

Ce n'est pas que je partage le préjugé populaire qui fait dépendre l'honneur d'un homme de son plus ou moins d'habileté dans le maniement d'une épée, comme si, vraiment, la raison du plus fort est toujours la meilleure. A Dieu ne plaise que j'aie jamais besoin d'appeler un tel argument à mon aide: 40 années d'une vie sans reproches et sans faiblesses valent mieux pour établir la valeur d'un homme qu'un jour de folie. Mais il ne me suffisait pas d'avoir raison aux yeux des gens sensés ; il me fallait encore gagner à la cause que je défendais l'assentiment du plus grand nombre.

Au jour indiqué, je fis donc savoir à M. Hernandez que j'étais prêt à mettre l'épée à la main. J'avais choisi cette arme parce qu'elle me permettait de me poser devant mon adversaire en digne défenseur, non seulement de l'innocence contre l'injustice, mais aussi des lois, c'est-à-dire de la liberté.

Je n'ignorais pas que M. Hernandez était habile dans ce genre d'escrime, mais celui qui défend le bon droit ne trouve-t-il pas en soi une force qui fait défaut à celui qui soutient l'iniquité ? Aussi, je ne fus pas surpris lorsque je vis mon ennemi refuser l'arme des preux pour y substituer le pistolet, cet engin meurtrier ou ridicule avec lequel le bon droit et la valeur perdent leurs privilèges.

Cependant, M. Hernandez persistant à vouloir user d'une arme si peu chevaleresque pour venger le mépris que j'avais opposé à son offense, mon représentant dût invoquer pour moi le droit de premier insulté. — « Mais, M. de Girard n'est pas l'insulté », objecta alors M. Hernandez ; car, ajouta-t-il, je ne suis pas l'auteur de la proposition insultante qui lui a été faite par M. Boulouze, et je suis prêt à en faire la déclaration par écrit ; ce qu'il fit en effet sur le champ en ces termes :

Je déclare formellement qu'en soumettant à M. Boulouze, Gérant du consulat de France à Hong-Kong, le conflit de service qui s'était élevé entre M. de Girard et moi, je lui avais formellement défendu toute démarche en mon nom personnel auprès de M. de Girard. J'affirme surtout que je n'ai ni engagé, ni autorisé d'une façon quelconque ledit M. Boulouze — dans le but de régler ce conflit — à faire à M. de Girard la proposition blessante qui a amené celui-ci à y répondre par la lettre du 7 juin 1877.

Marseille, le 30 mai 1879.

Signé : M. HERNANDEZ.

Pourquoi M. Hernandez ne s'expliquait-il pas plus
tôt, au lieu de me menacer de son courroux; il m'aurait
épargné un voyage inutile. Je fis donc à mon tour la
déclaration ci-dessous :

En présence de la déclaration formelle de M. Hernandez, affirmant
qu'il n'a jamais ni autorisé ni engagé M. Boulouze, Gérant du consulat
à Hong-Kong, à me faire en son nom personnel, dans le but de
régler le conflit de service existant entre nous, la proposition blessante qui m'a amené à lui écrire ma lettre du 7 juin 1877, je déclare
retirer toutes les expressions blessantes que cette lettre peut conte-
nir contre M. Hernandez, attendu que dans ma pensée les termes
offensants ne pouvaient et ne devaient viser que l'auteur de la
proposition.

Marseille, le 30 mai 1879.

Signé : H. DE GIRARD.

Ensuite, mon représentant remit en mains propres
à M. Boulouze, qui venait de rentrer en France, la
déclaration que les termes offensants contenus dans
ma lettre du 7 juin à M. Hernandez étaient à son
adresse, lui Boulouze, sans qu'il en fût rabattu un
seul mot ni une seule expression.

M. Boulouze donna confusément, comme excuse de
sa conduite envers mes matelots, la déférence qu'il
avait cru devoir témoigner à M. Hernandez pour le
grade de lieutenant de vaisseau dont ce capitaine des
messageries est pourvu, comme si tous les capitaines
des bâtiments du commerce n'étaient pas soumis aux
mêmes règlements et tous les citoyens à la loi commune. Eh ! où en serions-nous avant peu, si avec la
nouvelle organisation militaire de la France, chaque
individu gradé, depuis le caporal, conservait dans la
vie civile, dans les ateliers, aux champs, jusqu'au
foyer domestique, son uniforme et son grade, avec

l'autorité et les prérogatives qui y sont attachées, et pouvait suspendre l'action des lois ou seulement frauder les poids de la justice ; alors le gouvernement dont la France s'honore ne serait plus une démocratie, mais une aristocratie, ou pire que cela, une oligarchie militaire.

On nous dit, il est vrai, que cet état de choses ne règnera jamais que sur les populations maritimes, parce que les autres, exerçant un pouvoir électoral considérable, pourront toujours combattre cet esprit de domination inné chez le commun des hommes. Mais quelle probabilité y a-t-il qu'un gouvernement qui ne peut s'empêcher de faire aujourd'hui une concession à des hommes dont l'orgueil et l'avarice n'ont pas de borne, pourra les mieux maintenir demain dans celles que la République prescrit. En tout cas, que peuvent penser les marins dont on fait si bon marché, sinon qu'il vaudrait mieux pour eux revenir tout simplement à l'ancienne Monarchie qui, admettant franchement l'inégalité de condition pour tous, faisait des lois en conséquence, que de rester sous une République qui, conviant tous les Français à un somptueux banquet fraternel, ne permet pas aux marins de s'y asseoir. C'est à peine si nos réclamations arrivent comme un faible murmure aux oreilles des heureux convives. Qu'est-ce que cela ? se demandent-ils. — Rien, répondent les commissaires du festin, ce sont des marins revenant des colonies ou sur le point d'y retourner ; braves gens, sans doute, utiles à l'industrie en propageant notre commerce, mais nuls en politique et inutiles pour nous ; buvons, amis, à la République libérale, égalitaire et fraternelle.

Hélas ! qui s'occupe de la marine, en France ? Qui sait ce que c'est ? Qui s'intéresse aux gens de mer, à part ceux qui ont pris en main la direction de leurs destinées ? Donnons en passant, un exemple de celle qu'ils nous préparent.

M. Ducos, ministre de la marine, annonçant à ses principaux lieutenants, dans les ports de France et aux colonies, la promulgation du code disciplinaire voté en bloc, comme on sait, sous forme de décret-loi, par une Chambre complaisante, au lendemain du coup d'Etat qui valut à la France le régime impérial, s'exprimait ainsi : « Messieurs, c'est avec un sentiment « de vive satisfaction que je vous annonce la promul- « gation d'un acte ayant force de loi, rendu le 24 mars « courant, et dont le seul énoncé permet d'apprécier « l'importance pour les intérêts maritimes. »

Le ministre, après avoir exposé quelques unes des causes de sa satisfaction, passant à la composition du tribunal maritime commercial, ajoute : « L'article « XIV veut que les capitaines et les maîtres d'équi- « page, appelés à siéger, soient choisis dans le *person-* « *nel valide* ; il est presque superflu de faire remar- « quer qu'on comprend exclusivement sous cette dé- « nomination les marins qui ne sont pas cinquante- « naires ; en conséquence, les demi-soldiers pour « ancienneté de service et les hors de service à cause « de leur âge ne pourront faire partie des tribunaux « maritimes commerciaux, dont cette mesure contri- « buera à assurer la bonne composition. »

Comprenez-vous ce que signifient ces mots : *contri-buera à assurer la bonne composition?* c'est-à-dire que ce tribunal, réclamé par les marins eux-mêmes pour échapper aux abus d'autorité et s'assurer une justice exacte, base essentielle d'une bonne discipline, sera composé, en fin de compte, de manière à maintenir et en quelque sorte à légaliser les actes arbitraires d'une administration dont se plaignent les réclamants. En effet, sur les cinq membres qui composent le tribunal, trois appartiennent à l'administration ou à la flotte, deux seulement à la marine, et l'on veut que ces deux membres soient spécialement soumis à une limite d'âge ! Ce n'est pas assurément qu'on les croie dépourvus des qualités morales et intellectuelles nécessaires aux fonctions de juge, car il faudrait alors leur interdire aussi celles de juré, d'électeur, de député, etc..., c'est-à-dire les priver de leur droits politiques.

Si cela était, il faudrait, à plus forte raison, leur interdire le droit d'exercer leur profession, de tenir la barre du gouvernail, de commander un navire, de prendre charge de la vie d'un équipage et de grands intérêts commerciaux, c'est-à-dire leur ôter leurs droits civils.

Mais non ! n'est-ce pas ? il n'y a pas lieu de réduire un marin pas plus qu'un autre homme à la condition d'un aliéné parce qu'il a atteint la cinquantième année de son âge. Que lui manque-t-il donc à ce citoyen pour qu'il puisse concourir à la formation d'un tribunal capable de satisfaire le ministre ? Rien, sans doute ; mais à cinquante ans un marin est libéré du service militaire et il jouit d'une indépendance relative ainsi que d'une expérience qui le laissent plus libre qu'un autre de juger selon sa conscience et ses lumières, sans emprunter celles de l'administration. Voilà pourquoi le marin qui a atteint la cinquantaine est exclu pour toujours du tribunal duquel il continuera pourtant de dépendre si, comme il faut l'espérer, sa bonne constitution, héritage de ses aïeux, une tête bien faite et une sage existence, lui permettent d'exercer longtemps encore sa noble profession. En Angleterre, pays de liberté, de légalité et de marine, un tel homme est vénéré, et s'il est capitaine il peut mettre un guidon au grand mât de son navire. En France le même homme est dégradé, et l'on voudrait encore l'avilir.

Cependant, ceux qui le maltraitent ainsi admettent l'avancement dans leur carrière bien plus à l'ancienneté qu'au mérite ; et, en effet, combien d'officiers généraux doivent leur haute position au nombre de leurs années ? se croient-ils donc moins exposés que nous aux ravages du temps ?

Ce décret-loi du 24 mars 1852 est donc, vous le voyez, en contradiction, non seulement avec une bonne morale qui veut que l'on respecte la vieillesse, non seulement avec le bon sens public qui veut des juges expérimentés et indépendants, non seulement avec les principes de la constitution politique du pays, qui veut des lois justes et égales pour tous, mais encore avec l'usage suivi par l'administration de la marine lorsqu'il s'agit d'elle-même.

Ce code des gens de mer est donc, au premier chef, une loi d'exception, inspirée sous une monarchie par des hommes tendant au despotisme, et maintenue sous une République par les mêmes hommes poussant à l'anarchie. Car, enfin, où veulent-ils en venir, ces citoyens qui se sont rendus les maîtres de nos destinées, sinon de renverser le rempart qui nous assure la jouissance de nos libertés et de nos biens, de soulever notre indignation, de nous exaspérer et de nous forcer à fuir loin de notre patrie, pour échapper à un joug insupportable qu'ils nous imposent, non pas comme ils le disent, pour maintenir l'ordre et la discipline parmi nous, ce que l'on ne saurait obtenir par l'injustice, mais pour nous soumettre à leurs caprices, se servir de nous comme d'un piédestal, s'élever de toute la bassesse de notre condition, et satisfaire ainsi leur orgueil aristocratique, aussi bien sous le gouvernement actuel de la France que sous celui qui l'a précédé, et sous celui qui lui succédera encore si l'on n'y prend garde.

Remarquez, en effet, que ce code disciplinaire, constituant les gens de mer en une caste inférieure, fut proposé par eux à une époque où il s'agissait d'établir en France une nouvelle monarchie, alors qu'ils se piquaient d'être monarchistes, et qu'aujourd'hui qu'ils se flattent d'être républicains, ils nous soumettent encore plus durement à la loi de leurs caprices.

Pourquoi la République tolère-t-elle cette inégalité choquante et subversive de l'ordre, entre les citoyens appelés à défendre le drapeau sur mer et ceux qui sont chargés de le défendre sur terre, sinon qu'elle est elle-même subjuguée par de perfides conseillers? La profession de marin n'est-elle pas une profession civile comme toutes les autres professions, jusqu'au moment où ceux qui l'exercent doivent se ranger sous le drapeau? Que l'administration de la marine soit monarchique sous la monarchie, très bien. Mais qu'elle soit franchement républicaine sous la République.

Cependant, qui ne douterait des sentiments libéraux d'un corps qui se récriait si fort à l'idée d'une loi de garantie que le gouvernement proposait naguère contre les membres de l'ancienne famille régnante, et qui veut maintenir aujourd'hui et peut-être amplifier encore le décret-loi de 1852! Nous ne voulons, disaient-ils, il y a trois mois à peine, de lois d'exception pour personne. Eh! qu'est-ce donc, le décret du 24 mars qui nous met hors la loi, nous, marins de profession? Nous respectons les nobles sentiments que nos oppresseurs prétendent éprouver pour leurs anciens maîtres; mais leur droiture ne pourrait-elle les leur inspirer pour nous aussi, qui avons toujours loyalement servi ces princes et ces rois avec un entier désintéressement. Pourquoi veulent-ils, au contraire, par des lois injustes, de deux cents ans en arrière sur les institutions actuelles de notre pays, soumettre à un régime exceptionnel et outrageant des citoyens paisibles, mais pénétrés du sentiment de leur dignité? Pourquoi vouloir humilier et rabaisser des hommes hardis et fiers par état? Si ces faux patriotes n'ont pas projeté la ruine du commerce maritime de la France, qu'ils nous disent par qui ils remplaceront ensuite les hommes qui l'ont fait fleurir aussi longtemps qu'ils ont conservé la liberté de se conduire selon leur génie favori!

Sans doute, ces nouveaux partisans de classes privilégiées transmettront leurs emplois brillants et lucratifs à leurs fils et à leurs neveux; mais les hommes modestes et désintéressés qu'ils auront forcés à fuir loin de leur patrie, par qui les remplaceront-ils dans l'exercice de cette dure profession, qui exige tant de qualités diverses et un si grand dévouement? Sera-ce avec le rebut de la société, dont ils se constitueront les gardiens, comme si l'on pouvait faire quelque chose de bon avec des matériaux sans valeur.

Ces princes et ces rois, dont ils voudraient nous faire croire qu'ils partagent les nobles sentiments, s'appliquèrent à relever, par des honneurs et des institutions utiles, cette population maritime aussi paisible et vaillante que généreuse; ils créèrent pour elle, d'abord, cette caisse de secours mutuels, admirable institution humanitaire et moralisatrice qui, en préservant les gens de mer de la misère dans la vieillesse, leur montre de bonne heure les bienfaits de l'économie et la voie par laquelle ils peuvent, s'ils le veulent, arriver à posséder un jour une maison, un champ, un foyer, une famille, le respect dans le présent, l'honneur et le bonheur dans la vieillesse.

Voilà ce que la royauté fit pour nous marins, et ces conseillers indignes, qui se flattent de conserver les bonnes traditions d'une autre époque, voudraient que la République, qui s'occupe à bon droit de procurer les mêmes bienfaits à toutes les classes ouvrières, supprimât chez nous cette institution indispensable même au bon ordre et à la prospérité de l'Etat.

Or, comme ils ne peuvent pas obtenir la suppression de notre caisse de secours mutuels par une loi de spoliation que ne consentiraient jamais les représentants de la nation, car de là à brûler le grand-livre de la dette publique, il n'y aurait qu'un pas, ils comptent réaliser leur exécrable projet par une opération silencieuse et invisible, comme celle par laquelle, dans une cave profonde et obscure, on fait passer à coup sûr et sans bruit le contenu d'un récipient dans un autre, sans en perdre une goutte. Vous m'entendez !.....

Vous me comprendriez mieux si vous lisiez le mémoire publié, en 1871, par M. de Crisenoy, dans le but d'éclairer la commission chargée, à cette époque, de procéder à une enquête sur la condition des gens de mer. Ce mémoire, qui n'a pas été, que je sache, réfuté par l'administration de la marine, trop prudente pour soulever un débat à ce sujet, contient pourtant (p. 95 et 96) ce passage remarquable :

« La situation que révèle l'analyse des comptes de la caisse des Invalides (propriété incontestable des gens de mer) pour l'année 1867 est peu différente de celle des autres années, et l'on doit en conclure que le fonctionnement de l'établissement des Invalides, loin d'occasionner à l'Etat un sacrifice accepté par lui, en vue de compenser, à l'égard des marins, les charges de l'inscription maritime, lui fait retirer une économie nette de 3 millions par an. Pour les marins, la question se trouve naturellement renversée, leur association à l'Etat leur coûte tous les ans 3 millions. »

Quelle association, mes amis, l'Etat nous impose sous le prétexte que tous les marins sont frères !

D'après ce mémoire, les gens de mer versèrent, en 1867, 7,262,000 francs dans la caisse commune et n'en retirèrent, pour le service de leurs pensions, que 5,777,000 francs, soit une différence en économie réalisée par eux et acquise à leur caisse particulière, 1,485,000 francs. Les marins de la flotte versèrent, ou le trésor, c'est-à-dire l'Etat qui devrait payer leur retraite, versa pour eux 7,952,000 francs, et ils en retirèrent 11,085,000 francs, c'est-à-dire 3,032,000 francs environ de plus qu'ils n'avaient versés, lesquels furent pris, cela va sans dire, sur notre bien particulier, savoir : les 1,485,000 francs de nos économies de l'année, plus 1,545,000 fr. en aliénant une portion de notre fonds social. De sorte que notre société, qui aurait dû être plus riche de 1,485,000 fr. à la fin de cette année, se trouva, au contraire, plus pauvre de 1,485,000 fr., plus 1,545,000, soit en tout une somme de 3,030,000 environ, qui nous ont été enlevés et avec lesquels nous aurions pu augmenter notablement nos pensions. Tous les ans, l'Etat nous enlève pareille somme et nos pensions restent insuffisantes.

Cependant si parfois, pressés par le besoin, nous nous décidons à adresser à ces singuliers économes de nos deniers une humble remontrance sur l'exiguité de nos pensions, dont la moyenne est de 250 francs, tandis que la leur, qu'il complètent à nos dépens, est de 1,500 francs, ils prennent un air de circonstance et nous répondent, avec un semblant de componction, que le budget de la marine est à peine suffisant et que la caisse est vide, feignant d'ignorer que ce n'est pas de cette caisse que nous voulons parler, mais de la nôtre, de celle de secours mutuels des gens de mer.

Ce continuel quiproquo, imaginé et soigneusement entretenu par nos administrateurs, leur aide à disposer de notre bien selon leurs vues particulières, avec une certaine tranquillité de conscience, car, à force de tromper les autres, on arrive aisément à se tromper soi-même.

La qualification de caisse des Invalides, qu'ils donnent à notre association de bienfaisance, ne tend à rien moins qu'à lui ôter ce qu'elle a de noble, d'élevé, et à nous faire perdre de vue son but éminemment civilisateur; à nous rabaisser dans l'opinion publique, en nous représentant à elle comme gens estropiés, infirmes, sans force, sans volonté, incapables de se gouverner eux-mêmes et ne pouvant se passer de leur tutelle; à autoriser la traduction du nom singulier de demi-solde donné à notre retraite par celui d'aumône, et de faire croire que c'est l'Etat qui nous soutient de ses deniers; à nous habituer à recevoir l'aumône au lieu de la faire aux autres; à affaiblir le sentiment de notre dignité personnelle; à nous ployer enfin, peu à peu, jusqu'au dernier degré de la condition humaine; et de telle sorte, que si parfois nous cherchons à nous relever, ce ne puisse être que d'une main suppliante. Voilà pourquoi ils vident incessamment notre caisse avec ardeur.

Déjà une soixantaine de millions sont engloutis, et l'on peut prévoir le jour où les ressources de notre association ne pouvant plus suffire à nos besoins les plus pressants, nos administrateurs pourront enfin demander à l'Etat, non pas la restitution des sommes qu'il nous a empruntées, ou plutôt que nos économes lui ont fait passer, mais seulement le service de nos pensions. Alors nos politiques habiles autant que mauvais patriotes, auront atteint leur but : payant, ils nous tiendront liés à eux par le besoin, et, si jamais nous éprouvons quelques velléités d'entrer dans la voie de la civilisation et du progrès, ils pourront nous dire, avec la certitude d'être obéis : « *Si vous me quittez, je suspends mes bienfaits.* »

Alors, si vous vous soumettez à cette condition d'esclavage, à une époque où les nègres des colonies eux-mêmes sont libres, vous serez tombés au dernier degré de la condition humaine ; et le touriste, qui ne trouve plus de lazzarone sur les quais de Naples, d'où la liberté l'a chassé, ni de chiourme dans les ports de guerre, d'où la morale l'a éloigné, viendra satisfaire sa curiosité dans nos ports de commerce ; car, enfin, si nous ne sommes déjà constitués en une caste inférieure et placés sur la pente qui conduit fatalement un peuple à l'état de misère le plus capable d'attirer l'attention du philosophe et de provoquer la commisération publique, pourquoi l'Etat, qui ne doit ni solde ni demi-solde à ceux qui ne le servent que conformément à la loi militaire pour la défense du drapeau, qui est un impôt dû par tous les citoyens également, pourquoi l'Etat, qui ne nous doit donc rien, nous donnerait-il quelque chose, si ce n'est à titre d'aumône ?

Mais, mes amis, on ne fait pas l'aumône aux gens qu'on a dépouillés ; on leur restitue leurs biens ou l'on se dérobe à leurs regards ; on n'ajoute pas l'insulte à l'extorsion, ou bien c'est du brigandage.

A ce mot, je crois entendre une foule de nobles gens me répondre d'un air indigné qu'ils sont fonctionnaires de l'Etat... Eh ! bien, Messieurs, je demande que l'Etat examine la conduite que vous tenez à notre égard. La caisse des gens de mer nous appartient oui ou non ? si elle nous appartient qu'on nous en rende un compte exact ; si elle ne nous appartient pas qu'on le dise clairement, car nous sommes assez laborieux et assez économes pour n'avoir pas besoin de l'aumône, et nous sommes trop fiers de notre titre de citoyen français pour recevoir une solde qui ne nous est pas due, mais nous tenons à faire maintenir l'engagement que tout gouvernement respectable, républicain ou non, prend à l'égard des citoyens de garantir leurs biens et leur liberté. Mais..... — Non, celui qui reçoit une aumône et celui qui la fait ne peuvent être sur le même pied, et nous voulons être citoyens. — Cependant ces droits politiques auxquels vous paraissez beaucoup tenir, vous n'en faites jamais usage, et ils ne valent pas cette demi-solde dont nous vous assurons le paiement régulier.... — Assez ! je vous ai compris : vous voulez diviser la nation en deux classes : l'une possédant tout et l'autre rien, l'une bienfaitrice et l'autre obligée, l'une instruite et l'autre ignorante, l'une hautaine et l'autre humiliée ; c'est-à-dire que vous voudriez une aristocratie dans laquelle vous brilleriez et une démocratie dans laquelle nous croupirions ; autrement dit vous voudriez nous ramener à la féodalité qui, admettant deux classes de citoyens, voulait que la supérieure, qui devait être la protectrice de l'inférieure, s'emparât d'abord de ses biens pour mieux lui assurer ses bienfaits.

Mes amis, ne nous laissons pas prendre à la ruse grossière de ces gens, qui, après avoir renversé la Monarchie en en condamnant les principes, veulent, sous la République dont ils se disent les patrons, rétablir en leur faveur des principes mille fois pires. Il est temps de nous opposer à de si détestables projets, prenons position en face de ces présomptueux et mauvais citoyens qui veulent sacrifier les intérêts de la patrie à leur avarice et à la vaine satisfaction de leur amour-propre, cessons de leur adresser des prières inutiles et de leur tendre des mains qu'ils voudraient charger de fer, établissons notre droit et faisons notre devoir. L'Etat ne nous doit rien que la garantie de notre liberté et de nos biens. Tout ce qu'il voudra faire de plus, sans cela, doit nous être suspect, et il n'y aura d'espoir d'un meilleur avenir pour nous qu'à l'étranger.

Ecoutez : en 1875, le Ministre de la Marine répondit aux capitaines du port de Marseille qui lui présentaient je ne sais quelle réclamation, peut-être inopportune, mais à coup sûr respectueuse, qu'il ne voyait en eux que des matelots. Or, mes amis, si vos capitaines ne sont que des matelots aux yeux du ministre que peut-il penser de vous ? Et s'il les traite avec si peu d'égards comment peut-il vouloir vous traiter vous-mêmes ? Cette apostrophe, décochée par le Ministre à des marins qu'il a commissionnés lui-même pour commander des bâtiments du commerce, n'est pas seulement un manque d'égards que ces hommes ne peuvent que dédaigner, mais encore une preuve de grande impertinence de la part d'un Ministre de la Marine; car, si ces capitaines ne sont que des matelots, pourquoi les autorise-t-il à commander des navires ? Et s'ils sont dignes au contraire de remplir ces emplois importants, pourquoi porte-t-il atteinte, par ces paroles incroyables, à la considération, à l'autorité, et au prestige dont un capitaine a besoin pour mener à bonne fin des entreprises sur mer, difficiles et périlleuses.

Non, sans doute, les capitaines de la marine du commerce ne sont pas des matelots, et il faut même qu'ils aient eu jadis une certaine valeur, pour qu'ils en soient venus à créer une marine de guerre spécialement chargée de protéger leur navigation. On peut ajouter qu'ils sont bien plus instruits aujourd'hui qu'au temps où ils faisaient la guerre eux-mêmes pour leur propre compte avec tant de succès. Mais enfin, s'ils laissent encore à désirer pour un ministre qui prend à cœur le relèvement de notre marine, ce n'est pas une raison pour qu'il les dénigre et les ravale. Que n'ouvre-t-il, au contraire, la carrière à de plus capables par la promesse indubitable d'une considération proportionnée à leur mérite. C'est ainsi du moins que les grands princes en ont agi à l'égard des savants et des artistes lorsqu'ils ont voulu illustrer leur règne par des choses utiles et vraiment glorieuses ; ils n'ont pas craint de s'entourer d'hommes supérieurs.

N'est-il pas surprenant, en effet, que l'Etat, qui exige tant de savoir d'un avocat et d'un médecin, n'exige presque rien du marin qu'il autorise spécialement à prendre charge d'intérêts commerciaux, représentant des millions, et de l'existence de centaines d'hommes, sur une île flottante dont il est le roi à peu près absolu, étant à la fois le législateur, le médecin, le pasteur et l'ingénieur qui dirige cette immense et complexe machine autour du monde, à travers les mers les plus orageuses et souvent mal connues, pendant des années entières, seul, livré à lui-même et forcé de tirer toutes ses lumières et toute sa sagesse de son propre fond. Un tel homme devrait, ce me semble, être choisi avec un soin extrême, et conservé précieusement. Cependant nous voyons un ministre de la marine qui est le Recteur né de la faculté des sciences nautiques ne faire aucune différence entre cet homme rare et un matelot. D'où cela vient-il ? C'est une question que je soumets à la société des études commerciales et maritimes pour le développement de l'industrie et du commerce français.

En attendant, je suis d'avis d'ouvrir immédiatement les portes. Pourquoi des portes ! Est-ce qu'il y en a à l'agriculture ?..... d'abattre les portes et de laisser libre de toute entrave notre grande et noble profession, nous verrons alors une foule de jeunes gens instruits et bien doués, bacheliers, élèves des écoles commerciales, licenciés en droit et ingénieurs qui traînent sur terre une existence inquiète et inutile, fournir sur mer ou dans nos colonies de brillantes carrières et élever en peu de temps notre commerce au plus haut point de prospérité. Comment cela ? En déclarant formellement qu'à partir de ce jour les marins jouiront de leurs droits de citoyens tout comme s'ils se mêlaient d'élections, faisaient beaucoup de bruit dans les clubs, et nommaient des députés avec mandat impératif ; que leurs biens leur seront assurés comme s'ils menaçaient ceux d'autrui de la dynamite ; que nul d'entr'eux ne sera pas plus molesté que s'il molestait les autres ; qu'au contraire il pourra continuer à vivre paisiblement, et néanmoins jouir d'une considération proportionnée à son mérite. Et comme garantie de l'exécution de ces bonnes mesures, la marine, proprement dite, passera dans les attributions du ministère des colonies, laissant la flotte, qui n'en est que l'accessoire, naviguer de son côté comme elle l'entendra, quoique je pense que ce devrait être sous les ordres du Ministre de la guerre, son chef naturel.

Car c'est par préjugé que nous croyons encore nécessaire aujourd'hui un ministre spécial pour l'armée de mer. Colbert fut appelé à ce poste par Louis XIV, non parce qu'il était marin et pour séparer à jamais cette arme des autres armes de guerre, mais parce

qu'il était contrôleur des finances et administrateur
habile, et que pour créer une marine de guerre qui
n'avait jamais existé, il fallait beaucoup d'argent, un
esprit inventif et des soins assidus. Mais si Colbert
revenait au monde, aujourd'hui, il conseillerait à la
République de n'avoir qu'un ministre pour les deux
armées ou plutôt de n'avoir qu'une armée, afin de réaliser les avantages de l'unité de commandement, d'action, d'esprit militaire, et de laisser fleurir en toute
liberté, le commerce, l'industrie, l'agriculture, ces trois
mamelles que notre système de défense nationale suce
avec trop de vigueur pour que l'on puisse en consacrer
une exclusivement, comme un vain hochet, à l'amuse-
ment de la flotte. Laissez vivre, nous dirait Colbert,
laissez arriver tous les hommes de talent; n'en rebutez
aucun: une nation n'en a jamais trop. Duguay-Trouin,
Duquesne, Jean Bart et beaucoup d'autres auraient
bien manqué à notre marine si le roi n'avait passé
lui-même sur les considérations de naissance et de
religion, en faveur de ces hommes. Que n'a-t-il eu la
même déférence pour d'autres arts non moins utiles !
Il vous siérait mal de vous montrer plus difficiles que
Louis le Grand et ses successeurs. Les noms de Mahé
de la Bourdonnais, de Duplex et de tant d'autres que
votre ministre aurait volontiers qualifiés de matelots
doivent vous donner quelque espoir, et naguère encore
un autre de ces marins dédaignés, M. Lambert, ne se
rendait-il pas tout puissant à Madagascar ?

Laissez donc les marins français à leur propre génie
et ils vous livreront sans compromission plus de colonies que vous n'en saurez garder. N'oubliez pas que
les plus belles que la France possède encore, c'est à
ces marins si dédaignés qu'elle les doit, et qu'elle ne
pourra les conserver dans un état vraiment prospère
que si le gouvernement actuel se décide enfin à rendre

à ces mêmes marins la liberté de s'inspirer de leurs propres sentiments et d'exercer leur vaillance. Alors vous verrez votre marine, célèbre jadis, languissante et déconsidérée aujourd'hui, reprendre en peu de temps la vigueur qui lui est propre et son lustre d'autrefois.

Grenoble, imp. Maisonville. — BREYNAT ET Cᵉ, successeurs.

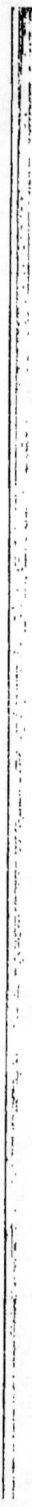

www.ingramcontent.com/pod-product-compliance
Lightning Source LLC
LaVergne TN
LVHW022040080426
835513LV00009B/1157